Gato esfinge

Grace Hansen

abdopublishing.com

Published by Abdo Kids, a division of ABDO, P.O. Box 398166, Minneapolis, Minnesota 55439.

Copyright © 2018 by Abdo Consulting Group, Inc. International copyrights reserved in all countries. No part of this book may be reproduced in any form without written permission from the publisher.

Printed in the United States of America, North Mankato, Minnesota.

052017

092017

 THIS BOOK CONTAINS RECYCLED MATERIALS

Spanish Translator: Maria Puchol

Photo Credits: iStock, Shutterstock, Thinkstock, ©Sunny Ripert p.17 / CC-BY-SA-2.0

Production Contributors: Teddy Borth, Jennie Forsberg, Grace Hansen

Design Contributors: Dorothy Toth, Laura Mitchell

Publisher's Cataloging in Publication Data

Names: Hansen, Grace, author.

Title: Gato esfinge / by Grace Hansen.

Other titles: Sphynx cats

Description: Minneapolis, Minnesota : Abdo Kids, 2018. | Series: Gatos | Includes bibliographical references and index.

Identifiers: LCCN 2016963249 | ISBN 9781532101991 (lib. bdg.) | ISBN 9781532102790 (ebook)

Subjects: LCSH: Sphynx cats--Juvenile literature. | Spanish language materials--Juvenile literature.

Classification: DDC 636.8/2--dc23

LC record available at http://lccn.loc.gov/2016963249

Contenido

Los gatos esfinge

Los gatos esfinge parecen un poco antipáticos. Sin embargo, les encanta tener compañía. ¡También les gusta conocer gente nueva!

4

Los gatos esfinge son

gatos de mediano tamaño.

Normalmente pesan entre 6

y 12 libras (de 2.7 a 5.4 kg).

El gato esfinge tiene los ojos redondos y grandes. Sus orejas son muy grandes. Y su cara y cabeza están llenas de arrugas.

Aunque no parece, sí tienen pelo en el cuerpo. Su pelo es muy **fino** y difícil de ver. Algunos de estos gatos tienen pelo en la nariz, en la cola o en los pies.

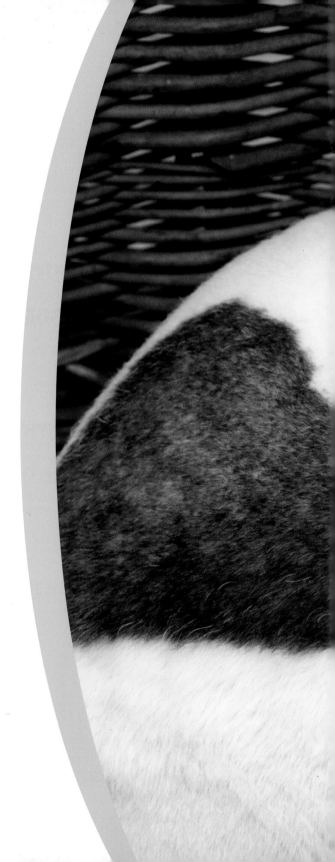

A los gatos esfinge les cuelga la piel. Su piel puede ser de cualquier color o diseño.

13

Cuidados

Estos gatos no tienen mucho pelo que cepillar y no se les cae mucho. Pero todavía es importante limpiarlos.

14

Bañarlos es necesario para eliminar aceites de la piel. También es importante que su piel esté hidratada.

Personalidad

Los gatos esfinge tienen mucha energía. Les encanta jugar y explorar.

Este simpático gato es sociable y cariñoso. Le gusta estar con su familia y con otros animales. Le encanta que lo carguen.

Más datos

- Los gatos esfinge se llamaron originariamente gatos canadienses sin pelo. Los **criadores** de estos gatos aceptaron su nuevo nombre al identificarlo con la figura **mitológica** de la esfinge.

- La falta de pelo viene de un **gen recesivo**. Los gatos esfinge aparecieron en este mundo por casualidad. El primer gato canadiense sin pelo nació en Toronto, Canadá. Se llamaba Prune.

- Los gatos esfinge pasan frío fácilmente. No tienen pelo para calentarse. ¡Abrazarlos o ponerles un suéter les ayuda!

Glosario

arrugas – líneas o pliegues en la piel.

criador – persona que cría animales.

diseño – dibujo repetido.

fino – muy delgado.

gen recesivo – gen que causa una característica en los hijos sólo si los dos padres lo tienen.

mitológico – imaginario.

Índice

abdokids.com

¡Usa este código para entrar en abdokids.com y tener acceso a juegos, arte, videos y mucho más!

Código Abdo Kids:
CSK9237